Der Moderne Heldenkörper. Die Entwicklung des deutschen Heldenkörper von 1813 bis heute

G R I N ☺

Bibliografische Information der Deutschen Nationalbibliothek:

Die Deutsche Nationalbibliothek verzeichnet diese Publikation in der Deutschen Nationalbibliografie; detaillierte bibliografische Daten sind im Internet über http://dnb.d-nb.de abrufbar.

ISBN: 9783389033715
Dieses Buch ist auch als E-Book erhältlich.

Druck und Bindung: Books on Demand GmbH, Norderstedt Germany
Gedruckt auf säurefreiem Papier aus verantwortungsvollen Quellen

Das vorliegende Werk wurde sorgfältig erarbeitet. Dennoch übernehmen Autoren und Verlag für die Richtigkeit von Angaben, Hinweisen, Links und Ratschlägen sowie eventuelle Druckfehler keine Haftung.

Das Buch bei GRIN: https://www.grin.com/document/1482320

Technische Universität Braunschweig
Institut für Geschichtswissenschaft

Körper. Technik. Geschlecht. Einführung in die
Technikgeschichte
A4 Technikgeschichte
Wintersemester 2023/24

Der Moderne Heldenkörper: Die Entwicklung des deutschen Heldenkörper von 1813 bis heute

Studienfächer:
Lehramt an Gymnasien (Master)
English Studies und Geschichtswissenschaft
2. Semester

Inhaltsverzeichnis

1. Einleitung 3

2. Der Heldenkörper des deutschen Soldaten 1813-1945 4

3. Der Heldenkörper deutscher Soldaten heute am Beispiel Afghanistans 7

4. Diskussion 10

5. Fazit 12

6. Literaturverzeichnis 14

1. Einleitung

Die deutsche Geschichte ist von einer Vielzahl von kriegerischen Auseinandersetzungen geprägt. Essenzieller Teil dieser Auseinandersetzungen und ihrer Geschichte sind häufig Heldenbilder, die je nach Zeit und Kontext des Krieges stark
variieren. André Schilling nahm dies zum Anlass in seinem Aufsatz mit dem
Thema „Körper des Helden: Deutschland 1813-1945" verschiedene Charakte-
ristika von Helden im Laufe der Geschichte Deutschlands zu analysieren. Er
widmet sich sowohl Theodor Körner, der in den Freiheitskriegen mit Briefen an
seine „Gönnerin" den Umgang mit Verletzungen und Schmerz beschreibt und
somit indirekt das Körperbild dieser Zeit darstellt. Weitergehend auch mit Manfred von Richthofen, der während des Ersten Weltkriegs einen ganz anderen Umgang mit seinen Verletzungen pflegte und ebenfalls durch Briefverkehr und in
einer späteren Biografie die Analyse der Erwartungen an „Helden" ermöglicht.
Außerdem widmet sich Schilling in seinem Werk Friedrich Friesen und Otto
Weddigen, die in meiner Betrachtung des Themas jedoch keine Rolle spielen
werden. Er kommt zu dem Schluss, dass während der Freiheitskriege die Vorstellung des sogenannten „Bürgerhelden" vorherrschte, während in der Zeit des
Ersten Weltkriegs der „militarisierte Heldenkörper" dominierte. Dieser „militarisierte Heldenkörper", so Schilling, begann im Kaiserreich und fand seinen ext-
remen „Höhepunkt" im Dritten Reich. Aufgrund der Tatsache, dass die Betrachtung von Schilling mit dem Thema „Heldenkörper" nach dem Zweiten Weltkrieg
abschließt, lautet die Forschungsfrage dieser Arbeit: Wie hat sich die Vorstellung
des kriegerischen Heldenbilds nach dem Zweiten Weltkrieg bis zum heutigen
Zeitpunkt am Beispiel Afghanistans gewandelt? Die zugehörige These, die diese
Arbeit aufstellt, lautet: Es gab keine grundlegende Veränderung des Körperbilds
eines deutschen Soldaten nach 1945. Allerdings haben sich die zugrundeliegende
Ideologie und die Erwartung an den Helden im Sinne der Aufgaben eines Soldaten stark verändert. Der moderne deutsche Soldat vereint, so die These, Merk-
male des sog. „Bürgerhelden" mit den Merkmalen des sog. „militarisierten Helden". Im Folgenden wird der für diese Arbeit relevante Inhalt der Arbeit von
André Schilling und die beiden zugehörigen Heldenbilder zusammengefasst.
Darauf folgt eine Betrachtung des Heldenbilds des modernen deutschen Soldaten und die Erwartungen, die an ihn gestellt werden, um daraus in der

darauffolgenden Diskussion den modernen Heldenkörper abzuleiten. Im Fazit folgt eine Zusammenfassung und kritische Betrachtung und Einordung der eigenen Ergebnisse.

2. Der Heldenkörper des deutschen Soldaten 1813-1945

André Schillings Aufsatz mit dem Titel „Der Körper des Helden: Deutschland 1813-1945" wurde im Jahr 1999 im Sammelband „Körper macht Geschichte – Geschichte macht Körper: Körpergeschichte als Sozialgeschichte" veröffentlicht. Wie bereits eingangs bemerkt, widmet sich der Beitrag der Entwicklung des Heldenbilds im Laufe der deutschen Geschichte. Ihren Höhepunkt erreichte die Körperlichkeit, die laut Schilling stark mit dem Heroismus verknüpft sei, im Dritten Reich. Körperliche Leistungsfähigkeit sei das ausschließliche Ziel der Ausbildung, Charakter des Individuums und die Ausbildung des Intellekts seien nachrangig gewesen.[1] Der eigentliche Heldenmythos, bzw. „der Kult um die sterbenden Helden in Deutschland"[2] sei allerdings kein Produkt des Dritten Reichs, sondern habe sich lange vor dessen Aufstieg während der Freiheitskriege 1813 etabliert.[3] Beispielhaft behandelt Schilling Joseph Körner, der während der Freiheitskriege Teil des Lützowschen Freikorps war und durch seine Schilderungen Aufschluss über die Eigenschaften des Helden zu dieser Zeit gibt. Körner erlitt in einem Gefecht eine schwere Kopfverletzung und verharmloste diese Wunde im Briefverkehr mit seinen Eltern.[4] Gegenüber seiner Gönnerin, hat er jedoch kein Problem damit, sich als Leidenden darzustellen. Daraus schließt Schilling, dass es zu der Zeit der Freiheitskriege üblich gewesen sei, offen mit Schmerzen umzugehen. Hier verwendet Schilling jeweils ein Beispiel, dass für die Äußerung von Schmerz und ein Beispiel, dass gegen den offenen Umgang mit Schmerz spricht. Trotz dessen kommt er zu dem Schluss, dass generell offen mit diesem Thema umgegangen sei, anstatt, aufgrund der Belege für beide Argumente, weitere Briefe zu betrachten. Trotzdem wird im weiteren Verlauf der Arbeit mit diesem Argument weitergearbeitet, dass der „Bürgerheld" lediglich

---

[1] Schilling, André (1999): Der Körper des Helden: Deutschland 1813-1945. In: Bielefelder Graduiertenkolleg Sozialgeschichte (Hg.): Körper macht Geschichte – Geschichte macht Körper: Körpergeschichte als Sozialgeschichte. Bielefeld, S. 120f.
[2] Ebd.
[3] Ebd.
[4] Ebd. S. 122.

sich selbst verpflichtet gewesen sei und seine Freiheit nicht dem Militär unterworfen habe. Dies bestätigt weiterhin der Körner-Biograf Wendt, indem er äußert, dass Körner ein „freier, deutscher Mann, selbstbewusst, mündig, keiner Tyrannei unterworfen, vom Feind gefürchtet und treu" gewesen sei.[5] Dementsprechend kann das Argument trotz der Kritik weiterhin validiert werden. Die Freiheit des Individuums stehe beim Bürgerhelden also klar im Vordergrund. Als Ursprung dieses freiheitlichen Ideals sieht Schilling die Erziehung zum Ende des 18. Jahrhunderts, die stark durch Rousseau geprägt gewesen sei.[6] Essenziell war die Ausbildung des Körpers, da davon ausgegangen wurde, dass die langsamere Entwicklung des Geistes nebensächlich und der Körper das primäre Ausdrucksmedium für „innere moralische Qualität und kulturelle Fähigkeiten" sei.[7] Es lässt sich also festhalten, dass der „Bürgerheld", den Körner verkörpert, eng mit der Idee der Freiheit, sowohl im militärischen Verhalten als auch in der Erziehung verknüpft war. Die physische Stärke, die durch den Fokus der Ausbildung des Körpers erreicht wurde, machte den Bürger zu einem idealen Soldaten, der durch wenig Training für den Kampf bereit gemacht werden konnte, auch wenn dies nicht das primäre Ziel der Erziehung gewesen sei.[8]

Das militarisierte Heldenbild zeigt Schilling am Beispiel von Manfred von Richthofen, der zur Zeit des Ersten Weltkriegs einer der erfolgreichsten Kampfpiloten war. Zur Zeit des Kaiserreichs herrschte ein enormer gesellschaftlicher Fokus auf Disziplin und Gehorsam, der sich dementsprechend ebenso im Militär wiederfand.[9] In dem Briefwechsel mit seiner Mutter schilderte Richthofen kurz nach einer schweren Kopfverletzung, die ihn mehrere Wochen ins Lazarett brachte, dass die Verletzung halb so schlimm sei und er demnächst wieder fliegen wolle.[10] Daraufhin führt Schilling das Argument an, dass Richthofen über seinen Bruder sagte, dass er sich adäquat auskurieren und nicht zu früh zur Einheit zurückkehren solle.[11] Auch hier führt Schilling also ein Gegenargument zu seiner Äußerung an, bleibt allerdings bei der Erkenntnis, die für seine Argumentation passender erscheint und verpasst es weitere Beispiele aus den Briefen

---

[5] Ebd. S. 124.
[6] Ebd. S. 125
[7] Ebd. S. 127
[8] Ebd. S. 128
[9] Ebd. S. 137
[10] Ebd. S. 128
[11] Ebd.

Richthofens zu analysieren. Die restliche Argumentation Schillings bezüglich des militarisierten Heldenkörpers erscheint jedoch schlüssig, weshalb diese Arbeit auch hier weiterhin mit dieser Definition arbeiten wird. Es stimmt jedenfalls, dass Richthofen gegenüber seiner Mutter nicht über seinen Schmerz oder seine zeitweise Erblindung während des Absturzes sprach, um, so Schilling, keine Schwäche zu zeigen. Ebenso sinnvoll erscheint allerdings das Argument, dass man Familienmitgliedern generell keine Sorgen machen möchte und in einem Großteil der Situationen den körperlichen Zustand herunterspielen würde. Schilling zeigt trotzdem, dass der militarisierte Heldenkörper durch Unterdrücken des eigenen Körpers gekennzeichnet ist und die eigene Autonomität dem Gehorsam zum Militär untergeordnet wird. Der Körper wird lediglich als Instrument gesehen, der sich den Wünschen der Person bzw. des Militärs fügen müsse.[12] Dies beweist er durch den Absturz Richthofens bei dem er nach eigenen Aussagen nur durch Willenskraft sein Augenlicht wiedererlangte und den eigenen Körper so bezwang.[13] Das Individuum wird darüber hinaus zu dieser Zeit als Teil des großen Ganzen gesehen. Diese professionelle Militärstruktur war bei Körner noch nicht vorhanden, da dieser selbstgesetzten Zwecken und Zielen folgte und eine individuelle Verfügung über seinen Körper hatte. Auch dieser grundlegende Unterschied in der militärischen Organisation kann meiner Meinung nach als Argument dafür angebracht werden, dass die Heldenbilder prinzipiell so unterschiedlich ausfallen. Dies spiegelt sich auch in der militärischen Ausbildung wider, in der bereits auf „Rituale des Schmerzes" gesetzt wurde, um die Schmerzunterdrückung zu „erlernen".[14] Eine militärische Ausbildung war bei Körner noch nicht vorhanden, was als Begründung für den Fokus auf sich selbst gesehen werden kann. Zusammenfassend lässt sich festhalten, dass der Heldenkörper zur Zeit von Richthofen also stark auf Disziplin und Durchhaltevermögen fokussiert war und das Ziel hatte die Autonomität des Individuums zu unterdrücken, um ihn als Instrument möglichst nutzbar machen zu können. Die Belege für beide Heldenbilder von Schilling sind zwar schlüssig, hätten aber durchaus ausführlicher ausfallen und nicht in den gewollten Rahmen gezwängt werden sollen. So ließen

---

[12] Ebd. S. 129
[13] Ebd. 130
[14] Ebd.

sich für beide Briefäußerungen ebenso Argumente für ein anderes Heldenbild finden und die einseitige Darstellung Schillings kritisieren.

3. Der Heldenkörper deutscher Soldaten heute am Beispiel Afghanistans

Nach überblicksmäßiger Betrachtung historischer Heldenbilder soll sich im Folgenden mit dem modernen Heldenbild deutscher Soldaten in Afghanistan beschäftigt werden. Vorab lässt sich der Heldenbegriff im Kontext der Bundeswehr heute generell kritisch betrachten. Ein direkter Vergleich ist deshalb nicht angebracht, weil die Gesellschaft per se ein anderes Verständnis von Helden hat und nach dem Ersten und Zweiten Weltkrieg sensibel mit diesen Begriffen im militärischen Kontext umgeht. In Bezug auf deutsche Soldaten in Afghanistan sagt die deutsche Historikerin Ute Frevert, dass „diese Menschen nicht als Heroen einer dem Militär ergebenen Gesellschaft […], sondern […] in ihrer Funktion als Bürger in Uniform gestorben (sind)."[15] Aufgrund der Tatsache, dass Soldaten in der deutschen Gesellschaft also nicht mehr als Helden gesehen werden, schwindet die Unterstützung der Bevölkerung und es kommt zu einer Entfremdung. Die Soldaten fühlen sich alleingelassen und werden eher als Abtrünnige, denn als Helden verstanden. Dies fasst die bereits erwähnte Schwierigkeit des Vergleichs auf, der auf theoretischer Ebene trotz dessen stattfinden soll. Diese Schwierigkeit war bereits bei Schilling zu sehen, da der strukturelle Unterschied des Militärs in den Freiheitskriegen verglichen mit dem Ersten Weltkrieg durchaus die Heldenbilder beeinflusste. Da, im Gegensatz zu den Freiheitskriegen oder dem Ersten Weltkrieg, im öffentlichen Diskurs nun nicht mehr über „Helden" in Bezug auf eine bestimmte militärische Einzelperson gesprochen wird, wird diese Arbeit Schillings Methode adaptieren, um mithilfe von Feldpostbriefen das modernisierte „Heldenbild" des deutschen Soldaten herausfiltern. Anders als Schilling wird diese Arbeit dafür, aufgrund der angeführten Argumente und der zuvor geäußerten Kritik an Schillings Vorgehen, jedoch nicht nur das Beispiel eines einzelnen „Helden" behandeln, sondern einen Querschnitt verschiedener Briefe von zahlreichen Soldaten aus Afghanistan aus den Jahren 2002

---

[15] Von Tadden, Elisabeth: Ehre klingt bei uns nicht wohltemperiert. In: Die Zeit, 22.10.2010, https://www.zeit.de/2010/17/Interview-Frevert.

bis 2011 verwenden.[16] Hierbei wird aufgrund der Kürze der Arbeit keineswegs Anspruch auf Vollständigkeit erhoben und im Fazit wird ein Vorschlag zur weiter Untersuchung unterbreitet. Folgend werden Beispiele angeführt, die im nächsten Kapitel mit den vorher geschilderten Heldenbildern verglichen werden sollen.

Generell lässt sich über das Medium der Feldpostbriefe sagen, dass es ein zutiefst subjektives ist. Die Briefe könnten meist das letzte sein, was die Soldaten ihren Angehörigen mitteilen können, weshalb sie zumeist positiv formuliert sind und versuchen zu beschwichtigen.[17] Viele Feldpostbriefe sind von der starken seelischen Belastung eines Auslandseinsatzes geprägt, welche von den Verfassern offen geschildert wird. „Hier ist alles 100-mal schlimmer, als es mir in meinen kühnsten Träumen erschien."[18], „Ich traue niemandem! Betet zu Gott, dass alles gut wird!"[19], „[…] du kannst dir nicht vorstellen, was es für ein Gefühl ist, von Euch getrennt zu sein."[20], oder „[…] ich bin hier ziemlich gelähmt. […] nicht emotional werden, sonst heule ich."[21] als beispielhafte Ausschnitte bestätigen dies. Dagegen stehen jedoch auch Äußerungen, die eher beschwichtigen, wie „[…] dort wo die anderen Soldaten gefallen sind. Brauchst Dir aber keine Sorgen zu machen, ich pass gut auf mich auf!"[22], oder „[…] würde mein nicht existenter Therapeut sagen, ich verdrängte. Vielleicht bin ich auch nur stumpf genug, vieles an mich gar nicht ranzulassen."[23], „[…] bislang gar nicht das Gefühl, das all dies mich belastet"[24] und „[…] ich bin perplex, dass ich weder Angst noch Panik verspüre."[25] Dies zeigt bereits die Vielfalt, mit der die Soldaten mit der Extremsituation umgehen und es kann keinesfalls eine generalisierende Aussage über den Umgang mit Angst gefällt werden, wie es Schilling versucht hat. Sobald die Soldaten mit dem Tod konfrontiert werden, ist die Lage jedoch eindeutiger: „[...] mir wird plötzlich anders"[26], „[…] in meinem Bauch breitet sich eine lähmende

---

[16] Baumann, Marc, Martin Langeder, Mauritius Much, Bastian Obermeyer: Feldpost. Briefe deutscher Soldaten aus Afghanistan. Hamburg, 2. Aufl., 2011.
[17] Ebd. S. 9.
[18] Ebd. S. 28.
[19] Ebd. S. 127.
[20] End. S. 23.
[21] Ebd. S. 30.
[22] Ebd. S. 36
[23] Ebd. S. 31
[24] Ebd. 79
[25] Ebd. 74
[26] Ebd. 147

Leere aus."[27], „[…] kaum einer, der sich keine Träne verdrücken muss."[28], oder „[…] Viele Leute aus unserem Zug haben Angst. Hier ist Scheiß-Stimmung. Ich bin gespannt, wie es in nächster Zeit wird, wenn viele jetzt schon durchdrehen."[29] Sind nur einzelne Beweise dafür, dass die Soldaten in den Briefen offen über ihre Angst gegenüber dem Tod schreiben.

Bezüglich der Überzeugung der Soldaten dem Einsatz gegenüber zeichnet sich ein ebenso eindeutiges Bild. Dem Einsatz wird generell skeptisch gegenübergestanden: „Soldaten sind doch Herdentiere. […] wir machen ja auch das, was wir sollen, und nicht das, was wir wollen."[30], „Ich bin mir auch gar nicht sicher, ob das überhaupt hier funktionieren kann."[31], „Oft fühlen wir uns hier unten durch die Politik alleine gelassen."[32], oder „Insgesamt ist schon alles recht diffus, […] was wir hier eigentlich wollen und wo unsere Ziele gesetzt sind."[33] Bestätigen die eingangs geschilderte Entfremdung der Soldaten mit dem Auftrag und das Schwinden des Ideals des „begeisterten Helden".

Während die Soldaten sich von der Politik alleine gelassen fühlen, zeigt sich der starke Zusammenhalt untereinander: „[…] aber es bildet sich untereinander schon ein enger Zusammenhalt mit der Zeit."[34], oder „Allerdings trägt die Kameradschaft viel".[35]

Folglich der reformierten Ausrichtung der Bundeswehr nach dem Ersten und Zweiten Weltkrieg änderten sich auch die Aufgaben der Soldaten. Nicht nur untereinander müssen die Soldaten stärker zusammenarbeiten, sondern auch die Zusammenarbeit mit der Zivilbevölkerung in Afghanistan ist gefragt.[36] Dazu gehöre Vertrauen schaffen, beim Wiederaufbau helfen und das Schützen des Demokratisierungsprozesses in Afghanistan.[37] Dementsprechend werden die Soldaten „[…] in fast jedem Dorf […] zum Essen eingeladen"[38] und nehmen dadurch vermittelnde Aufgaben an, andererseits begegnen sie den

---

[27] Ebd. 149
[28] Ebd. S. 151.
[29] Ebd. S. 146.
[30] Ebd. S. 42ff.
[31] Ebd. S. 91.
[32] Ebd. S. 87
[33] Ebd. S.89
[34] Ebd. S. 163
[35] Ebd.
[36] Ebd. S. 15.
[37] Ebd.
[38] Ebd. S. 128.

Einheimischen bei Patrouillen, bei denen „schreiende Kinder, Männer und Mütter" den Soldaten Essen aus der Hand reißen.[39] Dazu kommen auch positive Erlebnisse: „Es sind nicht viele Kinder, aber die Augen der wenigen leuchten, als wir die Kiste mit den gebrauchten Puppen öffnen."[40]. Die Aufgaben beschränken sich nicht auf den Kampfauftrag, sondern schließen auch Vermittlung und humanitäre Hilfe ein.

Diese vielfältigen Einsatzbereiche und die Begegnung mit Leid, Elend und Tod führen bei manchen Soldaten in Afghanistan zu Überforderung, weshalb sie mentale Probleme bekommen und teilweise nachhause geschickt werden müssen.[41] Dies spiegelt sich zudem in den Zahlen zu posttraumatischen Belastungsstörungen wider. Im Jahr 2009 wurden mit 466 Soldaten, die nicht mit der Grausamkeit in Afghanistan zurechtkamen, doppelt so viele Fälle wie im Jahr zuvor behandelt.[42] Dies spricht ebenso für einen anderen Umgang mit psychischem Schmerz beim modernen Soldaten, der anscheinend nicht länger verschwiegen oder unterdrückt wird.

Abschließend muss angemerkt werden, dass das Argument der Zensur bei diesen Briefen nicht zulässig ist. So sprechen die Soldaten in manchen Briefen zwar davon, dass die darauf achten müssen, was sie in Telefonaten sagen, haben bei den Briefen und Tagebucheinträgen allerdings anscheinend keine Bedenken diesbezüglich. Diese Einträge sind dennoch höchst subjektiv, scheinen aber aufgrund der Tatsache, dass sie nicht von der Bundeswehr selbst, sondern durch die Süddeutsche Zeitung nachträglich veröffentlicht wurden, eine höhere Glaubwürdigkeit zu besitzen als die historischen Feldpostbriefe, die Schilling zur Verfügung standen.

4. Diskussion

Auf den vorangegangenen Seiten wurden sowohl das historische Heldenbild als auch Beispiele für die Einstellung moderner Soldaten behandelt. Im Folgenden soll das moderne „Heldenbild" aus den Beispielen des letzten Kapitels extrahiert

---

[39] Ebd.
[40] Ebd. S. 136.
[41] Ebd. S. 147
[42] Ebd. S. 18

und darauffolgend mit dem historischen Heldenbild deutscher Soldaten verglichen werden.

Die Analyse des modernen Heldenbilds anhand von ausgewählten Ausschnitten aus Feldpostbriefen und Tagebucheinträgen hat gezeigt, dass es, entgegen der aufgestellten These, einen grundlegenden Wandel vom militarisierten Heldenbild gab. Nicht nur hat sich der Heldenbegriff selbst gewandelt, sondern auch die Einstellung der Soldaten ist verändert. Aufgrund der Tatsache, dass der Heldenbegriff per se aus der Zeit gefallen zu sein scheint, gestaltet sich eine konstante Beschreibung als „Held" schwierig. Trotz dessen schlägt diese Arbeit vor, den „hybriden bürgerlichen Helden" als Beschreibung des modernen Heldenbilds einzuführen. Dies impliziert eine gewisse Nähe zum „Bürgerhelden", die im Folgenden erläutert werden soll.

Durch die vorangegangene Analyse ist deutlich geworden, dass keine generelle Aussage über „den einen Helden" möglich ist, da die Aussagen der Soldaten zutiefst unterschiedlich waren. Trotzdem konnte nachgewiesen werden, dass im Gegensatz zu Schillings Analyse ein deutlich offenerer Umgang mit Emotionen gepflegt wurde. Es wurden sowohl vorhandene Ängste als auch Freude, Verwunderung und Zweifel kommuniziert. Dies spricht eindeutig für eine Ähnlichkeit zum Bürgerhelden, der durch eine ähnliche Offenheit gekennzeichnet war. Diese Vielfalt ist weitergehend dadurch zu erklären, dass es in der modernen Zeit kein Interesse mehr daran gibt, Soldaten in bestimmte Ideologie zu zwängen oder als fehlerlos zu inszenieren, wie es früher in stärker militärisch ideologisierten Gesellschaften der Fall war. Ebenfalls für eine gewisse Nähe zum Bürgerheld spricht, dass die Gründe des Einsatzes hinterfragt werden und kein „Hurra-Fanatismus", wie zur Zeit des Kaiserreichs herrscht. In der Analyse konnte gezeigt werden, dass die Soldaten in Afghanistan ihren Auftrag größtenteils hinterfragen und selbst kritisch sehen. Ebenfalls zu sehen ist der Unterschied zum militarisierten Helden dadurch, dass der Fokus des modernen Soldaten nicht mehr allein auf dem Kampf liegt. Die Beispiele haben gezeigt, dass auch diplomatische Arbeit und soziale Aufgaben übernommen werden müssen, weshalb der Begriff „hybrid" beigeführt wurde. Es gibt zwar nach wie vor Kampfhandlungen, diese stellen allerdings nicht mehr die primäre Aufgabe der deutschen Soldaten in Afghanistan dar, was ebenso in der Formulierung des Auftrags nachzuvollziehen ist. Es lässt sich allerdings nicht leugnen, dass die Analyse auch hier eine Vielfalt gezeigt hat und es ebenso einen Beweis dafür gab, dass manche Soldaten ihren Auftrag nicht hinterfragen, sondern einfach tun, was ihnen befohlen wird. Dies könnte durchaus als Argument für eine Nähe zum militärischen Heldenkörper angeführt werden, da auch bei diesem Disziplin und Gehorsam essenziell waren. Ebenso für den militarisierten Heldenkörper spricht der Zusammenhalt der Soldaten innerhalb ihrer Truppe. Während der Bürgerheld von Schilling eher als Einzelkämpfer charakterisiert wurde, sprechen eine Vielzahl der Soldaten von einer Verpflichtung gegenüber ihrer Kameraden. Während der „Bürgerheld" vom Streben nach Selbstbestimmung und Freiheit geprägt war, ist der hybride bürgerliche Held in seinem Handlungsspielraum realistisch gesehen deutlich eingeschränkter. Als Teil eines globalen Konflikts, der durch internationale Koalitionen bestimmt ist, ist er in diesem Aspekt ebenfalls näher am militarisierten Helden, da er seine persönlichen Ziele vorerst unterordnen muss. Zugespitzt formuliert ist auch der moderne Held in Afghanistan als Instrument zu sehen, der zwar nicht dem Nationalstaat, aber einer übergeordneten internationalen Institution untersteht. Andererseits verfügt Deutschland heutzutage über eine Berufsarmee und einen freiwilligen Wehrdienst, weshalb ebenso das Argument gebracht werden kann, dass dies die freiste Form der militärischen Organisation ist und für die Freiheit der Soldaten spricht.

Aufgrund dieser Argumente scheint der Begriff des „hybriden bürgerlichen Helden" angebracht, da dieser die Vielfalt der Aufgaben und den Wandel der historischen Heldenbilder, trotz einer gewissen Ähnlichkeit signalisiert. Auch wenn Kritik am Heldenbegriff selbst geübt wurde, erscheint eine konstante Begrifflichkeit aufgrund des Schwerpunkts der Arbeit berechtigt, weshalb bei der Bezeichnung „Held" geblieben wird.

5. Fazit

In der vorangegangenen Analyse und der Diskussion konnten Gemeinsamkeiten und Unterschiede des modernen Helden zu historischen Heldenbildern Deutschlands aufgeführt werden. Nun soll die eingangs aufgestellte Forschungsfrage dieser Arbeit, inwiefern sich die Vorstellung des kriegerischen Helden von den Freiheitskriegen bis zum heutigen Zeitpunkt gewandelt hat, beantwortet werden. Aufgrund des umfangreichen Charakters dieser Thematik ist kein eindeutiges Beantworten der Frage möglich. Diese Arbeit argumentiert deshalb für den modernen Helden als hybriden Heldenkörper des „Bürgers in Uniform" als „hybriden bürgerlichen Helden". Dies entspringt zum einen der Analyse, dass der Begriff „Held" in heutigen modernen Gesellschaften nicht mehr zeitgemäß zu sein scheint und zum anderen der Tatsache, dass sich das Anforderungsprofil der Soldaten stark erweitert hat. Es konnte bestätigt werden, dass Eigenschaften wie Disziplin, Ordnung und kriegerische Tauglichkeit nicht nur beim militarisierten, sondern auch beim hybriden Helden eine essenzielle Rolle spielen. Auch der transparente Umgang mit Angst zeichnet kein Bild des eiskalten Kämpfers, wie es beim militarisierten Helden vorherrschte, sondern einen verletzlichen Körper, der seine Grenzen kennt und eingesteht. Auch dies lässt den hybriden bürgerlichen Helden eher dem „Bürgerhelden" ähneln. Abschließend ist anzumerken, dass die Auswahl bestimmter Feldpostbriefe und Tagebucheinträge nach wie vor subjektive Quellen darstellt. Auch wenn das Vorgehen Schillings insofern erweitert wurde, als das Feldpost mehrerer Soldaten mit einbezogen wurden, ist trotz dessen die subjektive Natur der Briefe an sich kritikwürdig. Außerdem ermöglicht es die Vielzahl an Briefen in der Geschichte verschiedenste Überzeugungen und Darstellungen von Helden herauszuarbeiten. Die Darstellungen der Soldaten im Ersten und Zweiten Weltkrieg waren allerdings stark durch Zensur geprägt, da Helden in der Vergangenheit dazu dienten, die nachfolgende Generation zu indoktrinieren. Gescheiterte oder leidende Helden waren deshalb von keinem Interesse. Diese Kritik ist an Feldpostbriefen aus Afghanistan hingegen nicht zulässig. Aufgrund dieser Punkte ist eine eindeutige Beantwortung der Frage des modernen Helden schwer zu realisieren. Auf theoretischer Ebene ist trotz des kurzen Umfangs ein erster Versuch in Form einer unvollständigen Diskursanalyse unternommen wurden. Es müsste in den angesprochenen Bereichen trotz dessen eine tiefgründigere und durchaus umfangreichere Analyse stattfinden, um eine umfassendere Definition des hybriden Helden vorlegen zu können. Anbieten würde sich hierfür eine ausführliche Diskursanalyse.

6. Literaturverzeichnis

Baumann, Marc, Martin Langeder, Mauritius Much, Bastian Obermeyer: Feldpost. Briefe deutscher Soldaten aus Afghanistan. Hamburg, 2. Aufl., 2011.

Schilling, André (1999): Der Körper des Helden: Deutschland 1813-1945. In: Bielefelder Graduiertenkolleg Sozialgeschichte (Hg.): Körper macht Geschichte – Geschichte macht Körper: Körpergeschichte als Sozialgeschichte. Bielefeld, S. 120f.

Von Tadden, Elisabeth: Ehre klingt bei uns nicht wohltemperiert. In: Die Zeit, 22.10.2010, https://www.zeit.de/2010/17/Interview-Frevert. Eingesehen am 01.03.2024.